M. P. MARQUEZ

LE

34e BATAILLON

DE LA GARDE NATIONALE

AU SIÉGE DE PARIS

SOUVENIRS D'UN SERGENT-MAJOR

CARENTAN
Imp. MARCEL MOUCHEL, place du Champ-de-Foire.

1876

M. P. MARQUEZ

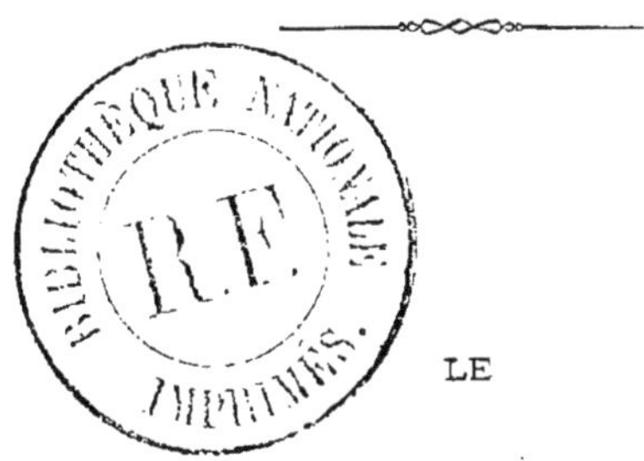

LE

34e BATAILLON

DE LA GARDE NATIONALE

AU SIÉGE DE PARIS

SOUVENIRS D'UN SERGENT-MAJOR

AUX MORTS GLORIEUX

DE MONTRETOUT

19 Janvier 1871.

M. P. MARQUEZ.

I

Après Sedan, les Prussiens victorieux des armées impériales (puisque l'une était prisonnière et que l'autre agonisait dans Metz, trahie par un lâche) s'avancèrent à marche forcée sur la Capitale, semant autour d'eux, la ruine, la désolation et l'épouvante.

Le 19 septembre 1870 ce qui était facile à prévoir arriva. Paris la reine de l'univers! Paris la ville Cosmopolite! Paris où les génies du monde entier viennent chercher la consécration de leur gloire! Paris fut séparé du reste de la France et bloqué par une formidable armée de 300,000 ennemis, auxquels leurs récentes victoires donnaient la certitude d'un nouveau triomphe.

Ces barbares avaient dit: « La Babylone moderne, tremblera à notre seul aspect et nous entrerons dans ses murs, l'arme au bras. »

Ils comptaient sans l'héroïsme d'une population de deux millions d'âmes, que l'empire avait avilie c'est très vrai, mais qui venait de se réveiller à l'appel de la République !

Commandés par un chef dans lequel ils avaient une confiance sans bornes et qui devait plus tard si cruellement mentir à sa renommée, les Parisiens s'armèrent pour la défense de leur chère Cité.

De tous côtés, s'élevèrent, en un clin d'œil, des redoutes et des barricades et si Paris ne fut pas fortifié selon les règles de la stratégie, il se mit à l'abri d'un coup de main.

Les citoyens s'enrolèrent à l'envie dans la garde nationale, ce qui permit d'organiser 262 bataillons de combattants, pleins d'un feu sacré et désireux de se mesurer avec les Prussiens.

A ce moment, un souffle d'ardent patriotisme embrasait tous les cœurs et pour s'inspirer d'un noble exemple, les gardes nationaux se rendaient en pélerinage à la place de la Concorde, où se dresse la statue de Strasbourg, chef-d'œuvre de l'immortel Pradié.

Chaque bataillon voulait saluer la ville héroïque, la cité martyre et déposer à ses pieds comme gage d'admiration, celui-ci une couronne, celui-là un drapeau, cet autre une guirlande de laurier et de chêne.

La bonne volonté ne leur manquait pas à ces hommes, ce qui leur faisait défaut, c'était les armes !

L'empire, comme tous les pouvoirs despotiques, tremblait à chaque instant pour son existence et redoutait que la grande ville, ne se réveillât un beau jour, lasse des attentats commis contre la liberté : aussi avait-il pris soin de vider les arsenaux et de ne laisser aucun fusil dans les immenses salles d'armes de Vincennes et du Mont-Valérien.

La France payait pour avoir des Chassepots ! Au moment du danger elle se trouva sans fusils !

Peu importe, on ne se découragea pas, on s'arma comme on pût et grâce aux immenses ressources dont dispose une ville comme Paris, des ateliers se créèrent, des armuriers s'improvisèrent.

Les armes défectueuses furent transformées, non pas en fusils de précision, mais en fusils qui pouvaient être utilisés dans une certaine mesure.

Des souscriptions s'ouvrirent de toute part, avec cet argent on fondit des obus et des canons se chargeant par la culasse.

Dans plusieurs rencontres, les Allemands firent à leurs dépens l'essai de notre nouvelle artillerie.

La date du 14 Septembre, vivra éternellement dans le souvenir des Parisiens, en effet ce jour là, par un splendide soleil d'automne, le gouverneur de Paris, général Trochu, passa en revue 250 mille gardes nationaux et près de 200 mille mobiles qui s'échelonnaient sur les boulevards et les Champs-Elysées.

La droite de cette formidable armée s'appuyait à la Colonne de la Bastille (les mânes des martyrs de la liberté, tressaillirent dans leur sarcophage de bronze), tandis que la gauche arrivait à la hauteur de l'arc de triomphe de l'Etoile où sont gravés dans la pierre les noms glorieux des héros.

Paris radieux se préparait à mourir ou à s'ensevelir sous les ruines de ses monuments et de ses maisons, plutôt que de se rendre.

Le général Trochu ayant à sa droite M. Vasburne, représentant des Etats-Unis (qui le 5 Septembre avait au nom de son gouvernement reconnu la Républhque Française), et à sa gauche le général Tamisier, commandant supérieur de la garde nationale, fut salué par un immense cri de : vive la

République! vive Trochu! sorti de plus d'un million de poitrines.

Jamais souverain n'eut une ovation aussi enthousiaste et aussi spontanée : c'est que le Gouverneur de Paris venait de jurer qu'il ne capitulerait pas.

Le faubourg Saint-Germain et Belleville, le quartier Saint-Honoré et les Batignolles, la Bourse et Ménilmontant, Clichy et Sceaux fraternisèrent et firent le serment de mourir ou de sauver la patrie en danger.

Je n'oublierai jamais l'indescriptible patriotisme qui animait Paris à cette heure et faisait battre les cœurs à l'unisson.

On chantait la Marseillaise, on criait vive la ligne! vive la mobile! et la ligne et la mobile répondaient vive la garde Nationale! C'était la fête de la fraternité de cette vertu républicaine par excellence.

Après le défilé, chaque bataillon regagna son quartier, se préparant, par de longues heures d'exercice et de fréquentes marches militaires, au rôle qui lui incombait.

Pendant cinq mois d'un hiver exceptionnellement rigoureux, Paris supporta stoïquement toutes les misères et toutes les privations, le froid, la faim, la maladie, le bombardement et son courage ne faiblit pas un seul instant.

Victor Hugo, l'immortel auteur de l'ANNÉE TERRIBLE, a redit dans des strophes admirables l'héroïsme de la grande Cité. Le plus grand poëte du siècle, a su dans des vers superbes, venger la noble Lutèce de ses obscurs calomniateurs.

Dans ces courtes pages, je ne ferai pas l'historique complet du siége de la Capitale.

Ce que je veux seulement, c'est raconter la part qu'eût, dans la défense de Paris, un bataillon de la garde Nationale, le 34e, auquel je m'honore d'avoir appartenu en qualité de sergent-major de la 4e compagnie.

Ce que je veux aussi, c'est montrer par l'histoire d'un bataillon (AB UNO DISCE OMNES) de quel héroïsme et de quels efforts eût été capable la garde Nationale, dirigée par des chefs républicains, ayant confiance en elle et dignes de lui commander.

Ma tâche quoique modeste, est peut-être encore au-dessus de mes forces, néanmoins je n'hésite pas à livrer ces lignes à la publicité, car je sais qu'en le faisant je paie une dette de cœur et de reconnaissance à mes glorieux compagnons d'armes, morts au champ d'honneur.

II

Comme je le disais au commencement de ce livre, il fut créé au début du siége et avant même le complet investissement de Paris, 262 bataillons de garde Nationale.

Les 40 bataillons, déjà existants sous l'empire conservèrent leur numéro d'ordre et les nouveaux, au fur et à mesure de leur formation, prirent les chiffres à la suite.

Le 34e garda son rang. Ce bataillon au moment de la guerre, comptait sept compagnies dont une de pompiers. Les trois premières appartenaient à Clichy-la-Garenne et les trois dernières à Levallois-Perret. La compagnie de pompiers était scindée en deux sections, se recrutant l'une à Clichy, l'autre à Levallois.

Clichy-la-Garenne est une ville de 17,000 habitants, située aux portes de Paris (Nord-Ouest).

Ses limites sont : la Seine au N., le chemin de fer de Cherbourg à l'O., l'enceinte bastionnée de Paris au S., le village Saint-Ouen à l'E.

La population se compose de petits commerçants, de manufacturiers et de blanchisseurs qui emploient un grand nombre d'ouvriers des deux sexes.

Clichy possède une des plus belles cristalleries de France, une vaste imprimerie, plusieurs verreries, d'immenses teintureries et d'importantes fabriques de bougie et de produits chimiques.

Ces détails ne manquent pas d'intérêt pour celui qui désire se donner une idée des éléments constitutifs du 34e Bataillon.

Aussitôt que nos premiers désastres furent connus et que l'armée du Rhin se vît contrainte de battre en retraite sur Châlons pour y subir une nouvelle réorganisation, les patriotes de Clichy s'enrôlèrent à l'envie dans le 34e Bataillon tandis que leurs fils étaient appelés dans la mobile.

A partir de ce moment, le Bataillon de Clichy cessa de compter trois compagnies à Levallois-Perret.

La foule des citoyens qui demandèrent leur inscription sur les contrôles de la garde Nationale fut telle, qu'il n'y eût pas de fusils pour tout le monde et dans la suite on parvînt a grande peine à équiper et à armer tous les enrôlés.

Les compagnies, primitivement d'une centaine d'hommes, triplèrent leur effectif.

La création d'une nouvelle compagnie eut lieu : elle se composa d'anciens militaires destinés à servir d'éclaireurs. Ils adoptèrent, à cause de leur armement, le nom de carabiniers.

Les places publiques, les préaux des écoles, les maisons particulières, se transformèrent en champs de manœuvre, où les citoyens gardes nationaux venaient toute la journée, s'exercer au maniement des armes, à l'école du soldat et de peloton.

Le 4 septembre, lorsque l'empire s'écroula sous le poids de ses fautes et de ses crimes et que la République fut proclamée à l'hôtel-de-ville, le bataillon de Clichy, obéissant à un décret du gouvernement de la Défense, se choisit des chefs.

Chaque compagnie fut appelée à nommer ses cadres et à élire ceux qui lui semblaient dignes de la commander.

Cette élection se fit au suffrage universel, les choix furent assez heureux.

Quelques jours après, les officiers et les

délégués de compagnie procédèrent à la nomination d'un commandant.

Le dépouillement du scrutin donna la majorité des voix à M. Vabre, notable commerçant de Clichy, homme d'une rare énergie. Plus tard le général Trochu l'éleva au grade de Colonel-Gouverneur de l'hôtel-de-ville.

Lorsque le Bataillon fût définitivement constitué, le commandant le passa en revue et chaque compagnie reconnut solennellement les chefs qu'elle s'était donné.

Le gouvernement du 4 septembre confia au 34e, qui dès lors appartînt au 4e secteur (commandant l'amiral Cosnier), la défense :

1° De la porte de Clichy ;

2° Du bastion 43 ;

3° De la commune de Clichy située aux avants-postes.

La garde de notre ville nous obligeait à fournir de nombreux postes, les deux plus avancés se trouvaient : le premier au nouveau pont, que le génie venait de détruire ; le second au pont du chemin de fer de l'Ouest (ligne de Cherbourg). Ce dernier ouvrage était miné, un électricien avait ordre de le faire sauter au premier signal.

Jusqu'au quinze novembre, époque à laquelle furent formé s les compagnies de guerre de la garde Nationale et les régiments de Paris, le 34e ne se contenta pas du rôle passif qu'on lui avait assigné.

De temps à autre, il faisait de nombreuses reconnaissances dans la plaine de Gennevilliers et jusqu'aux bords de la Seine, en face des hauteurs d'Orgemont fortement occupées par les prussiens.

Plus d'une fois, les tirailleurs du 34e échangèrent des coups de feu avec les grand'gardes ennemies.

Le Bataillon de Clichy eût l'insigne honneur de concourir à la sortie du 30 septembre qui se fît du côté de la Malmaison. C'était la première fois, que des gardes nationaux prenaient part a une opération active.

La veille, à l'appel du soir, le commandant Vabre demande cent homme de bonne volonté, il s'en présente trois cents, qui sont acceptés.

On nous distribue des cartouches puis on nous envoie bivaquer sur l'avenue de Neuilly, avec défense d'allumer de feux pour ne pas éveiller l'attention de l'ennemi de ce côté, la température était cependant bien froide.

Nous passons la nuit, à la belle étoile, couchée sur la dure, au milieu des mobiles et des soldats du corps d'armée du général Renaud, fort de 15,000 hommes et de 70 bouches à feu.

Un gros d'ennemis avait, été signalé la veille à la Malmaison, il s'agissait de le déloger de cette position.

Les volontaires du 34e furent placés au centre de la colonne d'attaque, flanquée de tirailleurs de la ligne et de la mobile.

Notre objectif était le Mont-Valérien : pour l'atteindre nous montons l'avenue de Courbevoie jusqu'au rond point des Bergères où se tient le général Renaud et son état-major. Nous prenons à gauche à travers des tranchées et des abattis d'arbres qui rendent le chemin difficile.

Bientôt en face de nous, la formidable citadelle, laisse apercevoir sa masse imposante qu'éclaire les premiers feux de l'aube naissante.

Sur la droite nous descendons un ravin profondément encaissé, nos éclaireurs fouillent le terrain et s'avancent à portée de fusil de la Malmaison. Rien ne bouge et nous apprenons que les casques pointus se sont défilés, avertis à temps par leurs espions de ne pas accepter le combat.

Si le 34ᵉ ne se mesura pas avec l'ennemi dans cette occasion ce ne fut pas sa faute.

Cette démonstration loin d'être inutile, opéra une diversion en faveur des généraux Maud'huy et d'Exéa dont on entendait le canon vers Chevilly.

III

Le décret du gouvernement du 4 septembre, ordonnant la mobilisation d'une partie de la garde Nationale, fût le commencement d'une ère nouvelle pour cette milice patriotique.

D'après cette loi, chacun des 262 bataillons actuels, devait fournir quatre compagnies de guerre d'un effectif total de 400 à 500 hommes, cadres compris

Ces compagnies, composées de volontaires et à leur défaut de célibataires ou de veufs sans enfants conservèrent le numéro du bataillon d'où elles sortaient.

On les forma ensuite en régiments qui reçurent le nom de Régiments de Paris et dont le commandement fut confié à des Lieutenants-Colonels.

Le 34e bataillon de guerre, fort de 400 hommes se vit désigné avec les 6e 7e et 36e pour constituer le 2e Régiment de Paris, Lieutenant-Colonel Janin.

La première compagnie, dite des carabiniers, était uniquement recrutée parmi les anciens soldats. Beaucoup d'entre eux avaient fait les campagnes d'Afrique, de Crimée, d'Italie et du Mexique, c'est assez dire la valeur et la solidité de cette troupe d'élite.

La quatrième compagnie, ouvrit ses rangs à un grand nombre de volontaires de tout âge, il y avait des enfants de dix-sept ans et des vieillards sexagénaires. Plusieurs étaient mariés, et sans hésiter, à l'exemple de leurs frères d'armes de la première compagnie, ils quittaient leurs femmes et leurs enfants, pour voler au secours de la patrie et de la cité menacées ; la République les conviait d'ailleurs à la lutte suprême !

La 2e et la 3e compagnie se montrèrent dignes de leurs sœurs.

On procéda sans retard à l'élection des cadres. Les officiers et les sous-officiers furent choisis parmi les gardes possesseurs des plus beaux états de service. Sur la poitrine de plusieurs brillait la médaille de la Baltique, de Crimée et d'Italie. Les caporaux se recrutèrent parmi les plus jeunes et les plus intelligents.

M. Médard, ancien sous-officier d'infanterie, fut élu commandant. Ce choix laissa à désirer et je ne crains pas de dire que le chef du 34e bataillon n'arriva jamais à la hauteur de sa tâche.

Les fonctions de capitaine-adjudant major échouèrent à M. Lamy, capitaine d'infanterie retraité, vétéran des guerres d'Afrique et d'Italie, décoré de la légion-d'honneur et de plusieurs ordres étrangers.

Le capitaine Lamy était le type de la bravoure et du soldat accompli. Le bataillon mettait en lui toute sa confiance, confiance que justifiait d'ailleurs son mérite et sa science profonde des choses de la guerre.

L'adjudant-sous-officier, se nommait Magnin, tout jeune encore il s'était enrôlé dans les mobiles de 48, puis l'Afrique et ses continuels périls l'avaient séduit.

A Montretout, le bataillon entier, admira son courage et son sangfroid. Je suis heureux, de pouvoir dans ces lignes, lui rendre le juste tribu d'éloges dû à sa conduite en présence de l'ennemi.

Les cadres formés, le 34e reconnut son commandant et ses officiers, ensuite on s'occupa de l'armement et de l'équipement des compagnies, mais avec une lenteur qui cadrait mal avec le désir manifesté par les hommes de courir sus aux Allemands.

Enfin, un beau jour, les trois dernières compagnies du 34e reçurent l'ordre d'échanger leurs fusils, ancien modèle, contre des tabatières. Ces armes à tir rapide n'étaient pas sans défaut, comme nous en fîmes plus-tard l'expérience, mais elles valaient mieux que les fusils à piston.

La première compagnie, ne modifia pas son armement, puisqu'en vue des services qu'elle pouvait rendre on l'avait pourvue, dès le début, de carabines Minié transformées.

Quelques jours après, le bataillon de Clichy allait au palais de l'Industrie recevoir le campement. C'est-à-dire : une tente et une couverture, plus les bidons, gamelles, haches, en un mot tout ce qui est nécessaire pour camper en rase campagne.

Par-dessus nos vareuses qui n'étaient pas très chaudes, car l'hiver sévissait dans toute sa rigueur, on nous fit endosser de grandes capotes noires ; elles nous furent d'un grand secours contre le froid.

Le colonel Janin, crâne soldat dans lequel on pouvait avoir confiance, nous passa en revue. Ancien capitaine d'état-major démissionnaire, le commandant du 2e régiment de Paris en imposait à des conscrits comme nous. Sa poitrine disparaissait sous les décorations et on répétait tout bas qu'il était l'ancien aide de camp de son oncle le général Janin.

Il n'en fallait pas tant pour nous donner une haute idée du colonel que nous avait choisi le gouvernement de la Défense Nationale.

Après le défilé, qui eut lieu en présence de notre ancien commandant, le colonel Vabre, nous reçumes des félicitations, pour notre belle tenue et la précision de nos mouvements.

Peu de temps après, nous nous rendions aux Champs-Elysées pour être passés en revue par le général Clément-Thomas. Le nouveau commandant supérieur des gardes Nationales de la Seine, vieux démocrate de 48, avait payé de 20 ans d'exil son amour pour la République. Au 18 mars, il devait tomber misérablement sous les balles de quelques énergumènes. Clément-Thomas nous félicita aussi sur notre belle attitude.

Après de longs jours consumés en pure perte, nous reçumes l'ordre de nous tenir prêts à partir. On nous distribua cent cartouches, chiffre très respectable eu égard au poids insensé des cartouches à tabatière. Le général Trochu désigna le 34ᵉ pour prendre part aux opérations projetés au sud-est de Paris.

Nos camarades de la sédentaire nous offrirent un punch d'adieu, dans lequel on fît une collecte, pour venir en aide aux femmes et aux enfants de ceux qui partaient.

IV

Le 34e Bataillon de guerre de la garde Nationale partit dans la nuit du 20 au 21 décembre, pour une destination inconnue, emmenant avec lui quatre jours de vivres.

Presque personne ce jour-là ne manqua à l'appel, tant était grand le désir que chacun éprouvait de se mesurer avec les prussiens.

Le départ eut lieu à onze heures du soir, la première halte se fit rue Lafayette, où nous rejoignîmes les 6e 7e et 36e bataillons qui composaient, comme vous savez, le 2e régiment de Paris.

Après un second appel, permettant aux rares retardataires de justifier leur absence, nous nous dirigeons par les buttes Chaumont et Belleville vers la porte de Romainville, pour de là gagner un point dont l'état-major de notre régiment possède seul le secret.

M. le Maire, les Adjoints et les Conseillers municipaux de Clichy tinrent à honneur de nous accompagner jusqu'aux extrêmes limites de Paris. Arrivés à la porte de Romainville, nous remercions ces messieurs de l'excellente attention qu'ils ont eue de nous offrir des gants très chauds.

Ce cadeau fut vivement apprécié dans la suite, alors que l'onglée crispait nos doigts engourdis sur les froids canons de nos fusils.

Ceux de nos camarades du bataillon sédentaire, que les exigences de leur service ne retenaient pas à Clichy, et les femmes d'un grand nombre d'entre nous, s'étaient joints à la municipalité pour nous faire un pas de conduite, malgré l'heure avancée de la nuit et le vent glacial qui soufflait.

Je n'oublierai jamais la scène patriotique de la séparation. Hommes et femmes s'embrassaient à s'étouffer et se serraient la main à tout rompre. Quelques yeux étaient humides, mais, par un puissant effort de volonté, on dévorait les larmes prêtes à jaillir, ce qui rendait les baisers plus chauds et les poignées de main plus énergiques.

Les femmes surtout se montrèrent à la hauteur de leur devoir, pas une ne faiblit, toutes au contraire comprirent que la Patrie exigeait ce sacrifice.

Involontairement, on se rappelait ces Matrônes Romaines qui ne voulaient revoir leurs époux et leurs fils que :

« MORTS OU VICTORIEUX ! »

La porte de Romainville s'ouvrit pour nous livrer passage et se referma aussitôt nous séparant peut-être pour toujours de ce que nous avions de plus cher au monde, après la Patrie.

Nous franchissons l'avancée et ressentons bientôt la cruelle morsure de l'âpre vent de décembre qui nous arrive en droite ligne du nord, puisque la défense a tout rasé, talus, arbres, maisons.

Nos bidons, remplis d'eau-de-vie par des mains prévoyantes, nous dédommagent des rigueurs de la saison, et semblables à des amis fidèles nous reconfortent au moment du besoin.

La vieille gaieté gauloise qui ne perd jamais ses droits et les retrouverait plutôt quand le danger est proche, nous aide à supporter vaillamment cette formidable étape.

Bien qu'un silence rigoureux soit commandé, afin de ne pas donner l'éveil aux Prussiens, nous trouvons moyen de rire dans notre barbe, tout en nous conformant scrupuleusement à une consigne qui ne badine pas.

Un moment après, nous traversons les rues désertes du village des Lilas, et bientôt nous gagnons Romainville où nous mettons l'arme au pied.

Pendant deux mortelles heures, nous restons immobiles, attendant des ordres qui n'arrivent pas. L'aube apparaît enfin, si on peut appeler ainsi la ligne de démarcation qui sépare une nuit de décembre d'un jonr terne et sombre.

Tout-à-coup l'artillerie des forts de Noisy, Rony, Romainville, Aubervilliers, des redoutes de la Courneuve, de la Boissière et de Montreuil fait entendre un vacarme effroyable, et dans le lointain les ouvrages de Saint-Denis répondent par des décharges répétées à l'appel du canon.

L'action s'engage à la fois du Mont-Valérien à Nogent ; les centres d'attaque sont : Stains, le Bourget, Drancy, Bondy, Avron, Neuilly-sur-Marne, Ville-Evrard.

Du cimetière de Romainville qui domine la vallée où passe le chemin de fer de Mulhouse, on embrasse un coup-d'œil grandiose. A gauche, les forts de Romainville et d'Aubervilliers, à droite ceux de Noisy et de Rosny, fouillent la forêt de Bondy où se cachent les Prussiens, tandis que de nombreux tirailleurs couvrent la plaine de leurs feux, appuyés par les pièces de campagne du corps Vinoy qui dressent leurs batteries en arrière de la ligne de l'est encombrée de voitures d'ambulance.

Au moment où anxieux nous suivons les péripéties de cette lutte qui se déroule à nos pieds, un estafette apporte l'ordre de nous diriger en toute hâte sur le château de Montereau-les-Rosny.

En un clin-d'œil les rangs se reforment, et au pas accéléré nous partons.

A chaque instant, nous croisons de nombreux bataillons de gardes nationaux qui, eux aussi, prennent part à la sortie. Il y en a de toutes couleurs, des bleus, des verts, des marrons, des cendrés, des noirs, car pour les habiller on a pris tous les draps qu'on a pu trouver.

Plus loin, nous rencontrons le superbe régiment de gendarmerie de la Seine, belle troupe de vieux grognards, solides au feu et éprouvés par vingt combats. Ils sont prêts à nous soutenir et au besoin à nous donner l'exemple.

Sans autre incident, nous gagnons le

château de Montereau, si on peut appeler ainsi un amas de décombres épars çà et là.

Située dans la zône du fort de Rosny, cette belle résidence avait été rasée pour ne point gêner la défense et ne pas servir de cible aux prussiens.

Nous campons dans les dépendances du château dont l'aspect est lugubre. Le parc est dépeuplé des arbres qui l'ornaient, les sapeurs du génie ont tout abattu.

Les chênes séculaires dont les têtes altières semblent toucher au ciel, les ormes aux rameaux vigoureux, les acacias aux bouquets de fleurs odorantes, les marronniers aux cimes touffues, les sapins au feuillage éternellement vert, sont tombés sous la hache sacrée de la défense nationale.

Des troncs d'arbres sciés au ras du sol, indiquent seuls la place des allées ombreuses de ce riche domaine, tandis que les plates-bandes des jardins et les carrés du potager disparaissent sous les pieds qui les ont foulés et n'offrent plus à l'œil aucune figure géométrique.

Au lieu des espaliers qui étalaient jadis au soleil, l'or de leurs grappes parfumées ou le velouté de leurs pêches vermeilles, on aperçoit les traces noires et indélébiles des feux de bois vert et résineux qui ont servi à cuire la soupe.

Le long des murs : des crampons de fer, des carcasses de châssis, des débris de carreaux de vitre, sont les derniers vestiges d'une serre qui à en juger par son squelette avait dû être splendide.

Les parterres de ce séjour enchanteur, émaillés naguère par mille fleurs aux corolles étincelantes, sont aujourd'hui jonchés d'os de cheval et de mille détritus hideux : là ont campé des hippophages.

La guerre a de ces nécessités cruelles qui devraient faire réfléchir ceux qui en disposent à leur gré.

Le 34e Bataillon prend la position que son commandant lui assigne et se met à installer le camp avec une ardeur fébrile.

Les uns dressent les tentes dont les piquets refusent de s'enfoncer dans la terre durcie par la gelée, les autres commandée de corvée répondent à l'appel de leur nom, déploient les sacs, découvrent les marmites, tendent les bidons, pour recevoir les vivres, en présence de l'officier de semaine.

La distribution terminée, chacun se met en devoir de préparer la soupe car il est midi et depuis la veille au soir personne n'a rien dans le fusil, pour employer une expression pittoresque.

Chaque escouade détache un ou plusieurs hommes qui vont au bois et à l'eau : en cinq minutes les feux s'allument.

Quelques gardes écrasent le café dans les gamelles avec la crosse de leurs tabatières, tandis que d'autres, véritables Robinsons, errent à l'aventure espérant rencontrer une feuille de choux à moitié gelée, ou déterrer une carotte oubliée par hasard. Leur persévérence obtient un plein succès et on les voit bientôt revenir avec des débris de légumes que des chèvres ou des lapins dédaigneraient à coup sûr.

Au moment où les marmites commencent à chanter et à dégager un délicieux fumet de cheval bouilli, le clairon sonne : la marche du régiment et le sac au dos.

Est-ce une fausse alerte, ou une erreur de sonnerie?..... Pas du tout, c'est un ordre du général Vinoy, enjoignant au colonel Janin de porter au plus vite, ses bataillons sur Neuilly et Ville-Evrard, ou la brigade Blaize est engagée.

Bon gré, mal gré, il fallut renverser la soupe qui bouillait, plier les tentes, courir aux faisceaux et avaler en hâte une tasse de café brûlant, que les malins avaient eu l'excellente idée de préparer à tout hasard.

Nous voilà de nouveau partis, le ventre vide et harassés de fatigue, pour Neuilly-sur-Marne, laissant une section à la garde des bagages.

Chemin faisant, nous emboitons le pas à de nombreux régiments qui comme nous se dirigent vers le lieu de l'action. L'affaire était chaude, ainsi qu'en témoignaient de nombreuses voitures d'ambulance remplies de blessés.

Nous passons près du fort de Nogent ; sur les façades des maisons voisines les mobiles ont crayonné au charbon les noms de leur camarades tombés dans les engagements précédents.

Bientôt, Neuilly-sur-Marne nous montre son clocher et à mesure que nous avançons la fusillade est plus distincte.

Au milieu de la route, nous apercevons une large mare de sang et de vin dans laquelle nage le cheval du cantinier du 207e Bataillon de la garde nationale (Batignolles). La voiture est brisée en mille morceaux et les vivres épars dans la poussière. Un obus prussien a éventré le pauvre animal, tuant et blessant plusieurs hommes de l'escorte :

Leurs cadavres, affreusement mutilés gisent sur le bord d'un fossé : l'un a le ventre complètement broyé, un second s'est vu enlever une partie de la face et de la poitrine.

Le jour baisse, la nuit s'avance sans pour cela ralentir la fusillade, à laquelle se mêlent les pièces de marine et l'artillerie de campagne du plateau d'Avron.

Nous recevons l'ordre de mettre sac à terre et de nous préparer à camper dans un enclos garni de pêchers en espalier, à portée du canon des prussiens, établis de l'autre côté de la Marne.

Les casques pointus, n'attendaient plus qu'une obscurité complète pour nous mitrailler tout à leur aise, ainsi que nous l'apprîmes le lendemain.

Le brave capitaine adjudant-major Lamy, peu rassuré et flairant quelque piége de la part des prussiens dont le silence lui semblait suspect, partit en reconnaissance.

Un moment après il revenait, avec la certitude que les ennemis nous épiaient et nous laissaient allumer nos feux pour mieux nous surprendre.

Le capitaine Lamy fit part de sa découverte au commandant Médard qui s'en ouvrit au colonel Janin. Après quelques pourparlers, nos chefs furent d'avis qu'il devenait prudent de quitter l'enclos.

Nous voilà en route pour regagner le château de Montereau, toujours sans repos et toujours le ventre vide.

Le 34ᵉ bataillon atteignit Montereau au milieu de la nuit du 22, épuisé de fatigue, après une marche forcée de 24 heures. La moitié de son effectif resta en route, un grand nombre d'hommes s'égarèrent et ne reparurent que le lendemain.

Ici se place un incident tragi-comique. Le clairon de ma compagnie, grand gaillard qui avait servi dans l'artillerie, trompé par l'obscurité tombe la tête la première dans une pièce d'eau qui commençait à se recouvrir de glace. Nous lui portons secours aussitôt, il était temps car on ne le voyait déjà plus. Il en fût quitte pour un gros rhume et quelques jours d'hôpital. Son clairon et sa carabine ne pûrent être retirées de cette mare fangeuse, aujourd'hui ils y dorment encore.

Dans un temps reculé, un savant archéologue découvrira peut-être les restes oxidés du clairon et de la carabine et présentera à l'Institut un volumineux mémoire sur l'usage des instruments de musique et des fusils a tabatière au XIXᵉ siècle.

Arrivés à Montereau, nous nous occupons du couchage et nous découvrons dans une tannerie une vaste salle servant de séchoir aux peaux corroyées.

Dans ce local on pouvait bien cent hommes nous nous y entassons au nombre de quatre cents.

Morts de faim, nous grignotons quelques morceaux de pain, accablés de fatigue nous nous étendons par terre, non pas sur des bottes de paille fraîche, mais sur une couche de tan glacé qui avait déjà servi de lit de repos à des mobiles de la Bretagne.

Les bretons ont pour devise : « Dieu et mon Roy » Ce mot de ralliement n'est plus de saison maintenant que nous sommes en République et si j'ai un conseil à donner aux compatriotes du général Trochu, c'est de prendre à l'avenir pour mot d'ordre : « Hygiène et Propreté. » Eux et tout le monde y gagneront.

En effet, à peine étendus sur notre froide couche, cherchant dans un sommeil réparateur l'oubli de nos fatigues ; nous ressentons d'affreuses démangeaisons et de cuisantes douleurs.

D'ignobles insectes, dont le nom ne se prononce que tout bas, nous dévorent le dos, la poitrine et les membres, sans trêve ni merci. Ces hideux parasites, gracieux cadeau des mobiles bretons pullulent à l'envie et aucune arme contre eux. Nous avions bien nos fusils, mais que pouvaient-ils contre de semblables ennemis.

En ma qualité de pharmacien, mes camarades m'implorent, mais en vain. Si j'avais été à portée de mon officine, je serais revenu triomphant avec une pommade bien connue, qui comme les chassepots de Failly à Mentana, aurait fait merveille ! Mais à cinq lieues de Clichy il n'y fallait pas songer.

Ne me tenant pas pour battu, une idée lumineuse me traversa l'esprit. Le souffre me dis-je est un insecticide, la poudre de guerre en contient ; défaisons au plus vite une cartouche broyons son contenu et frictionnons les parties démangées avec ce remède improvisé à peu de frais.

Mon invention eût un succès inouï, car tous ceux qui en usèrent, purent goûter un repos dont ils avaient le plus grand besoin.

Lorsque le clairon sonna le réveil, nous descendîmes dans un vaste sous-sol ou se trouvait une large piscine remplie d'un lait de chaux utile aux tanneurs. C'est avec ce liquide caustique que nous procédâmes à notre toilette. Nottez en passant que l'artillerie qui campait dans le même bâtiment que le 34e, venait dans cette fosse abreuver ses chevaux, l'eau n'en était pas plus pure pour cela, bien au contraire comme vous le pensez ; mais à la guerre comme à la guerre, on pouvait ici appliquer le proverbe.

V

Le lendemain de l'affaire de Neuilly-sur-Marne, le 34e Bataillon, se brossa, s'astiqua et se reposa toute la journée, choses dont il avait le plus grand besoin.

Les conversations roulèrent sur la formidable étape de la veille et nous apprîmes que les prévisions du brave capitaine adjudant-major Lamy s'étaient réalisées.

Les prussiens guidés par les feux de bivac allumés pour cuire notre soupe, firent pleuvoir une grêle d'obus sur l'enclos : des murs il ne resta pas pierre sur pierre. Sans la perspicacité du capitaine Lamy s'en était fait du 34e bataillon de la Garde Nationale.

Nous eûmes aussi connaissance de la mort du général Blaize tué à bout portant par des saxons embusqués dans une cave qu'on avait (coupable incurie) négligé de fouiller.

Le soir venu, quelques hommes de ma compagnie ne voulurent pas coucher une seconde fois dans l'appartement meublé à si peu de frais par les mobiles bretons. Ils dressèrent dans un des jardins du château une grande tente apportée avec les bagages du cantinier.

Cette abandonnée par les mobiles de la Seine, avait été trouvée par nous au début du siége, pendant une reconnaissance faite dans la plaine de Gennevilliers.

Elle nous fut d'un grand secours, car sous sa protection nous passâmes une nuit relativement bonne, serrés les uns contre les autres et mollement couchés sur du tan frais que Sardanapale lui-même eût envié.

Le 23, le colonel Janin nous passa en revue et nous complimenta sur notre attitude pendant la journée du 21. Je suis fier (disait-il dans son ordre du jour) de commander à un régiment qui a la solidité d'une vieille troupe.

Le 24, nous fîmes l'école de tirailleurs, afin de nous bien familiariser avec ce genre d'exercice, dont l'importance est capitale dans la nouvelle tactique.

Au retour de la manœuvre, un caporal de carabiniers faillit causer un grave accident. En nettoyant son fusil, il ne prit pas garde qu'une cartouche restait dans le canon, le coup partit et la balle alla se loger dans l'angle d'un mur, traversant une salle qui renfermait trois cents garde nationaux.

Une agréable surprise nous était réservée, car la municipalité de Clichy qui n'oubliait pas le 34e bataillon, avait obtenu de venir nous voir aux avants-postes. Nous reçumes nos compatriotes avec joie et depuis nous leur avons gardé une vive reconnaissance pour ce témoignage d'intérêt.

La nuit venue, personne ne consentit à se coucher sans faire réveillon : dans les circonstances présentes il n'était pas facile de célébrer dignement ce joyeux anniversaire.

Peu importe, chacun s'arrangea de manière à pouvoir plus ou moins bien festiner.

Par un de ces hasards, comme il s'en trouve parfois, j'avais retrouvé à Montereau un de mes bons amis du Lycée de Coutances, nommé Letourneur. Ce brave et charmant garçon s'était engagé dans le 7e bataillon de guerre de la Garde Nationale, bien que marié et père de famille. Il vînt me chercher dans ma tente et m'invita à prendre part à un réveillon qu'il offrait à ses camarades.

Je vous assure que je ne me fis pas prier. Letourneur me présenta à son escouade comme un de ses vieux camarades de collége et quelques minutes après nous étions les meilleurs amis du monde.

Le repas fut gai et assaisonné comme vous le pensez-bien de calembours du plus haut goût ; c'était hélas ! les seules épices dont nous disposions.

En guise d'entrée on nous servit du saucisson de cheval, qu'un garde avait rapporté de Nogent. Cette charcuterie cachait sous des dehors honnêtes : du riz, de la graisse à essieu de voitures, de la purée de pommes de terre gélées et des morceaux d'intestin qu'on avait pas pris soin de laver, sans doute pour en augmenter le poids.

L'odeur dégagée par cet affreux boudin était tellement nauséabonde que personne n'osa y toucher.

En revanche, un pâté de viande de mulet eût les honneurs de la soirée.

Enfin, une tasse de chocolat à la vanille, un bol de vin chaud et un verre d'excellent punch au rhum, couronnèrent dignement ce réveillon du siége.

Cette scène digne du pinceau de Neuville ou de Protais était magnifiquement éclairée par vingt bougies qui brûlaient dans les douilles de nos baïonnettes.

Ce pauvre Letourneur fit montre ce soir là d'une gaîté folle et cependant quelques mois après il mourrait terrassé par un mal qui ne pardonne pas et dont il avait contracté le germe dans les mortelles tranchées du plateau d'Avron.

Le jour de Noël fut marqué par une recrudescence de froid. L'eau-de-vie et le vin se congelaient dans nos bidons (ce qui ne plaidait pas en faveur du degré arcométrique de ces deux liquides. Le pain lui-même était dur comme de la pierre. L'eau qui entre dans sa fabrication se prenait en longues aiguilles cristallines qui croquaient sous la dent et le rendaient impossible à manger. Il fallait le déglacer à la fumée résineuse des feux de sapin, cette opération ne lui donnait pas un goût très agréable, mais que voulez-vous il n'y avait pas à choisir.

Quelques carabiniers du 34e, grands chasseurs devant l'Éternel, trouvèrent un beau matin que l'ordinaire manquait de variété. Du cheval, encore du cheval, toujours du cheval était en effet un régal par trop uniforme.

Les voilà partis à la chasse ; au bout de trois ou quatre heures ils rapportent à défaut de lièvre, un chien errant d'une maigreur famélique.

En un tour de main, le pauvre animal est égorgé, dépouillé, nettoyé et prêt à embrocher.

L'un des chasseurs, sybarite à coup sûr, objecte à ses camarades que le chien frais est d'une digestion pénible et qu'il est préférable de l'exposer une nuit à la gelée, ce que ne manquent jamais de faire les amateurs de chevreuil.

Cette idée est prise en considération et voilà le quadrupède suspendu à une fenêtre, la tête en bas, comme un agneau à l'étal d'un boucher.

En temps de guerre il faut se méfier des maraudeurs. Les carabiniers commirent une grande faute en ne se rappelant pas ce précepte de la plus vulgaire prudence.

Mal leur en prit ! Car un garde de la 2e compagnie avisant ce morceau de roi, sentit s'éveiller en lui l'âpre désir de manger du chien.

Décrocher l'animal, l'emporter loin des regards jaloux, le cuire, le partager entre un petit nombre de privilégiés, fut l'affaire d'un instant.

Les carabiniers s'aperçurent du larcin lorsque la bête était à moitié digérée. Le plus joli de l'histoire, c'est que le voleur emprunta la marmite des volés, pour préparer son ragoût.

Le 27 décembre, une grêle d'obus nous salua à notre réveil. Les prussiens qui avaient établi de formidables batteries de Krupp à Noisy-le-Grand, Gagny, Raincy et Gournay, ouvraient leurs feux sur le fort de Rosny et le plateau d'Avron.

Le moment psychologique tant attendu par Bismark était arrivé.

Les obus que nous lançaient les casques pointus pouvaient être comparés à d'énormes pains de sucre. Chaque fois qu'un de ces projectiles frappait un mur il le démolissait d'un seul coup, s'il venait au contraire à éclater en touchant terre, il creusait un trou dans lequel quatre hommes pouvaient se mettre à l'abri.

Je vous laisse à penser si nous fûmes surpris par ce bombardement que rien ne faisait présager.

Les obus pleuvaient si dru sur la tannerie et dans le parc de Montereau que la position devenait intenable. Le général Vinoy nous envoya l'ordre d'évacuer ce périlleux endroit et d'occuper la redoute de la Boissière.

Chemin faisant, un éclat de bombe blessa deux hommes du 36e Bataillon : on les emporta tout sanglants à l'ambulance.

La redoute de la Boissière où nous arrivons bientôt, accompagnés d'une pluie de projectiles, est située à gauche du chemin qui descend du fort de Rosny au village du même nom.

Pendant 48 heures, soixante-dix Krupp ne cessèrent de nous mitrailler.

Les marins, avec notre concours, établirent à gauche de notre redoute, une batterie de pièces de marine. Ces formidables engins de destruction ne purent riposter avec avantage aux Krupp des allemands.

Le 29 dans la nuit, les artilleurs français enclouèrent leurs canons et abandonnèrent le plateau d'Avron.

C'est alors que le 34e regagna ses cantonnements de Clichy, décimé par la maladie, harassé de fatigue, mort de faim et de froid, fier d'avoir reçu le baptême du feu, mais non découragé et prêt à mourir pour la France et la République.

VI

Deux jours après notre rentrée à Clichy, c'est-à-dire le 1er janvier 1871, le colonel Janin mourait tout d'un coup. Voici la version qui courut à ce sujet.

Plusieurs gardes des 6e et 7e bataillons, exaspérés de la façon dont le régiment avait été mené dans la journée du 21 décembre, écrivirent à leur retour de Montereau, une lettre injurieuse pour le commandant du 2e régiment de Paris, ce factum parut dans le FIGARO, autant que je puis me rappeler.

Le colonel Janin, à la lecture de cet article entre dans une violente colère, pâlit, s'affaisse et tombe pour ne plus se relever, frappé à mort par la rupture d'un anévrisme.

Le commandant Martin, du Nord, du 7e bataillon, recueillit la succession du colonel Janin, enlevé d'une façon si inopinée.

Jusqu'au 17 janvier, rien de bien important à signaler. Nous reprenons conjointement avec nos camarades du bataillon sédentaire le service des remparts et des avant-postes de Clichy.

Le 18, un ordre arrive de compléter nos cartouches à cent et d'aller prendre à la manutention deux jours de vivres.

A midi, nous rejoignons, rue Lafayette, les trois autres bataillons de notre régiment.

Delà nous nous dirigeons vers le Mont-Valérien, par le boulevard Haussmann, le faubourg Saint-Honoré, les Ternes, Sablonville, Neuilly et l'avenue de Courbevoie encombrée de troupes de toute arme.

Au rond point des Bergères, le commandant crie halte ! et fait sonner à la distribution.

Les hommes de corvée reviennent avec un pain et rien autre chose...... c'était bien sec. D'autant plus que nous avions droit à une ration de conserves de bœuf et de mouton. Les réclamations adressées à ce sujet au commandant demeurèrent sans résultat. M. Médard, dont les desseins restèrent impénétrables comme ceux de la providence, garda les viandes qu'il trouvait fort à son goût, dans le but sans doute de nous préserver des indigestions.

Il est déjà nuit noire lorsque l'officier

d'avant-garde parlemente avec le capitaine commandant la porte du fort. On abaisse le pont-levis et nous entrons au Mont-Valérien. Nous prenons place dans les casemates, sur de vieilles paillasses un peu dures, ce qui ne nous empêche pas de dormir bientôt d'un profond sommeil.

Le 19, à l'aube naissante, trois coups de canon et trois fusées tricolores tirés par les marins canonniers, nous réveillent en sursaut. C'est le signal de l'attaque, car ce jour-là en effet, allait avoir lieu la sanglante bataille de Montretout-Buzenval, dans laquelle le 34e bataillon reçut le baptême du sang.

Il n'est pas hors de propos de jetter un coup d'œil en arrière et d'expliquer pourquoi et comment la garde nationale de la Seine se trouvait engagée dans une grande bataille.

Dans les premiers jours de janvier, les vivres se faisaient rares, le pain se mangeait avec peine, les derniers chevaux avaient été sacrifiés, le bois manquait et les morts de chaque semaine se chiffraient par milliers, il fallait en finir par une sortie en masse ou par une capitulation honorable.

Clément Thomas réunit à son quartier général de l'Elysée, les 27 colonels des régiments de Paris. Il y avait là Brancion, Langlois, Martin du Nord, Rochebrune.

Le général, le visage pâle, l'œil brillant, la voix émue, leur dit à peu près ces paroles :

« Colonels ! Paris est à la veille de capituler et la garde nationale qui désire tant se battre n'aura pas combattu ! Paris va mourir et la garde nationale n'aura pas tenté de le sauver ! Par quelle fatalité, je l'ignore, car dans le cœur de chacun on peut lire son désir de vaincre ou de mourir.

» Aujourd'hui Paris ne peut plus rien contre les 300,000 ennemis qui l'entourent, la ligne est décimée, les gardes mobiles ne sont plus que des débris, les généraux n'ayant plus d'armée perdent courage.

» Voulez-vous ramasser l'épée que jettent impuissants les hommes de guerre ?

» L'héroïsme des parisiens forcera peut-être la fortune à changer de côté. Une sortie sur Châtillon, d'où les prussiens nous accablent, réussira peut-être, voulez-vous la tenter ? »

Nous le voulons répondirent d'une seule voix les colonels et calmes, dignes quoiqu'émus par le serment qu'ils venaient de faire, serrèrent la main que leur tendait Clément-Thomas.

Lorsque les généraux Trochu et Ducro connurent le projet, il s'y opposèrent de toutes leurs forces ; c'était selon eux marcher à une effroyable boucherie.

Seulement, pour donner satisfaction à la garde nationale on résolut une sortie sur Versailles, en mêlant les régiments de Paris, en nombre égal aux régiments de ligne et de mobile.

Le conseil de guerre de l'Élisée amena Montretout-Buzenval où la garde nationale se fit tuer sans profit mais avec gloire, se vengeant noblement de ceux qui la dédaignaient et l'insultaient.

Je reprends mon récit au moment où le 34e bataillon, sac au dos, se dispose à sortir du Mont-Valérien pour prendre part à la bataille dont le signal est donné.

Sous la conduite du général Noël, commandant du fort, le 2e régiment de Paris, les mobiles de la Loire-Inférieure et le 139e de ligne s'élancent sur la route de Montretout par le chemin de la Briqueterie.

Les prussiens, que cette attaque matinale déconcerte, abandonnent leurs avant-postes et se replient sur Garches et le parc de St-Cloud en poussant de grands cris pour donner l'éveil aux troupes de soutien.

L'artillerie du corps Vinoy, malheureusement égarée ou embourbée par un dégel subit, ne peut appuyer notre mouvement, c'est à peine si deux ou trois pièces de 7, hissées dans les vignes à force de bras parviennent à tirer quelques obus inoffensifs.

Ce fâcheux contre-temps, loin de ralentir ne fait qu'accroître notre ardeur.

Les 6e et 7e bataillons montent à travers champs à l'assaut de la redoute de Montretout qu'ils occupent un moment après, tandis que suivis du 36e, nous gagnons le parc Pozzo di Borgo, situé en face de la gare St-Cloud.

La fusillade crépite de tous côtés, mais nous avançons toujours au milieu des jardins et des potagers.

Bientôt l'un des nôtres, nommé Lhermitte, reçoit une balle qui lui perce le bras et troue la capote d'un second garde. Cet incident cause un premier mouvement de surprise aussitôt réprimé.

Deux camarades emportent le blessé tandis que nous poussons toujours en avant et rencontrons les francs-tireurs à la branche de houx, dont la fière devise est : QUI S'Y FROTTE S'Y PIQUE.

A un moment donné, le commandant nous fait mettre sac à terre pour alléger nos mouvements et les rendre plus rapides.

Enfin, à la suite des mobiles de la Loire-Inférieure (prisonniers à la fin de la journée), nous pénétrons dans le parc Pozzo di Borgo, par une large brèche que viennent de pratiquer les dynamiteurs du génie de la garde nationale.

Là, déployés en tirailleurs, nous ne cessons d'échanger des coups de fusil avec l'ennemi et recevons l'ordre de conserver, coûte que coûte, cette position.

Je n'oublierai jamais la bravoure des francs-tireurs à la branche de houx, vaillante troupe qui perdit dans cette affaire presque tous ses officiers et la moitié de son effectif, après avoir tué, blessé ou pris un grand nombre de prussiens.

Pendant toute la journée, une grêle de balles lancées par des mains invisibles, nous assaillent, coupant les branches d'arbres au-dessus de nos têtes et fauchant tout ce qu'elles rencontrent.

Le sergent-major Morice, des carabiniers, s'étant un peu trop découvert, tombe au cri de : vive la République ! frappé au ventre par un coup de feu.

Pendant qu'on l'emporte tout sanglant, du champ de bataille, Morice qui n'a pas perdu connaissance, m'aperçoit, me fait signe de venir lui parler et d'une voix entrecoupée par le hoquet de la mort, me dit ces paroles : « vous qui connaissez ma femme et ma fille répétez leur que ma dernière pensée est pour elles. Moi je meurs avec gloire, pour la République. » Puis le pauvre garçon me regarde d'un œil éteint, me serre la main et ce fut tout. Un moment après il rendait le dernier soupir, dans une petite maison où le chirurgien l'avait fait transporter.

Morice vient à peine d'être relevé, que le sous-lieutenant Castarès des carabiniers est à son tour mortellement atteint par une balle qui lui fracasse la cuisse.

Ce brave officier, si sympathique à tout le bataillon, n'écoutant que son courage s'avance trop loin, c'est alors que des prussiens embusqués le mettent en joue et lui envoient cette décharge qui l'étend à terre.

Quelques hommes de sa compagnie, dirigés par son beau-père, le capitaine adjudant-major Lamy, veulent aller ramasser leur lieutenant : l'un d'eux, Poyer est tué raide et les autres assaillis par une pluie de projectiles se voient obligés de renoncer à leur périlleuse entreprise.

La fusillade continue toujours et fait de nombreux vides dans nos rangs. Le sergent

Leroux, les gardes Périgord, Schmeisser, le capitaine Lander, le sergent-fourrier Pacard des carabiniers et plusieurs autres dont les noms m'échappent, sont blessés, le carabinier Klock est tué, tandis que le caporal Leroy et le clairon Hentziger tombent frappés à mort.

Les prussiens sont si prêts qu'à un moment donné le commandant fait mettre baïonnette au canon.

Quelques hommes ont leurs fusils brisés, d'autres leurs capotes traversées, d'autres en grand nombre sont contusionnés.

Le caporal de carabiniers Dehenne, atteint d'une balle en plein cœur, chancelle sous le choc et ne doit la vie en cette circonstance qu'à une précaution de sa femme qui a cousu dans sa capote une épaisse plaque de buffle.

Le lendemain de l'action, Dehenne me montra sa poitrine, elle était devenue toute noire sous la violence du coup, ce qui nécessita même une médication énergique.

En furetant dans une maison, des gardes de ma compagnie, trouvent quantité de fruits et de légumes abandonnés par les prussiens. C'était comme vous pensez une bonne aubaine, pour nous qui étions sevrés de tout depuis si longtemps.

Avec cette insouciance du parisien, mes camarades s'abritent tant bien que mal derrière un arbre et au plus fort de l'action se mettent à écosser les haricots qu'ils viennent de dénicher, sous prétexte qu'ainsi épluchés ils seront d'un transport plus facile.

Il est trois heures et loin de cesser, la mousqueterie redouble, évidemment les allemands reçoivent des renforts, tandis que personne ne vient nous soutenir.

Depuis sept heures du matin nous nous maintenons avec peine dans le parc et il y a vingt-quatre heures que nous n'avons rien mangé.

Enfin les casques pointus réoccupent Saint-Cloud qui est depuis le matin au pouvoir de nos soldats. Cet échec nous oblige à la retraite, car débordé de toutes parts et cerné par des forces supérieures, le 34e recule face à l'ennemi, en disputant le terrain pied à pied.

A ce moment le commandant Médard tombe en criant : « que cela ne ralentisse pas votre ardeur ! » Des carabiniers l'entourent, le relèvent et l'emportent, tout le monde le croit tué ou blessé, il n'en est rien.

Bientôt nous sommes repoussés du parc Pozzo di Borgo, laissant entre les mains des allemands plusieurs de nos hommes et nos morts. En revanche le carabinier Lenoir et le caporal Laporte de la 2me compagnie font un prisonnier qu'ils conduisent au fort.

Deux compagnies du 139e de ligne se déploient en tirailleurs et appuient notre retraite que protège une batterie de 12, postée en bas du viaduc de Suresnes.

Exténués, nous regagnons nos casemates du Mont-Valérien, dans lesquelles nous passons une seconde nuit.

En arrivant au fort, je retrouve mon viel ami Letourneur du 7e bataillon, qui attend dans une anxiété extrême de mes nouvelles, car on lui a dit (sans autres détails) que le 34e a perdu un sergent-major.

Lorsque Letourneur m'aperçoit, sa joie éclate en longs transports, il se jette à mon cou et me serre à m'étouffer. Il faut avoir passé par là pour comprendre le bonheur qu'on éprouve à se revoir après une bataille et à retrouver vivant l'ami qu'on a pu un instant croire mort.

Letourneur avait rapporté à mon intention une paire de bottes prises à un bavarois tué dans la redoute de Montretout. Je le remerciai en riant de sa délicate attention, mais je ne conservai pas longtemps son odorant et encombrant cadeau. Je fis un heureux en offrant ces bottes à un sapeur du génie de la garde nationale qui depuis vingt-quatre heures marchait avec des souliers sans semelles.

Le lendemain, nous reprenons la route de Clichy et rencontrons chemin faisant sur l'avenue de Courbevoie, une foule de nos amis du bataillon sedentaire qui viennent inquiets au-devant de nous. On leur a dit que le 34e a été écharpé et presque anéanti. Cette nouvelle était exagérée, cependant bon nombre de nos camarades manquaient à l'appel, comme vous l'avez pu voir.

VII

Après Montretout-Buzenval, le général Clément-Thomas, dans un ordre du jour désormais célèbre, rendait en ces termes hommage à la garde nationale :

« Je ne crains pas de dire ce mot qui sera répété par la France entière, que : dans la journée du 19 janvier les régiments de Paris ont fait dignement leur devoir. J'ai eu la satisfaction de les entendre louer sur le terrain même, par les divers chefs de l'armée, sous les ordres desquels, ces régiments ont combattu. »

Le gouverneur de Paris récompensa la garde nationale de sa ferme attitude au feu.

Le brave 34e ne fut pas oublié dans la distribution des récompenses.

Le commandant Médard reçut la croix ; le 34e bon juge en semblable matière, ne ratifia pas cette faveur que rien ne justifiait. Tout le monde s'attendait au contraire à voir le capitaine adjudant-major changer son ruban de chevalier contre la rosette d'officier. Dans le haut état-major on en décida autrement, cependant le capitaine Lamy avait vingt fois gagné et mérité ce qu'on octroyait si gratuitement à un autre.

Le garde Lenoir, des carabiniers, fut aussi décoré. Les sergents Leroux de la 3e compagnie et Pirazza de la 4e reçurent la médaille militaire. Plusieurs gardes virent leur nom figurer à l'ordre du jour de l'armée.

Restait au 34e un devoir à remplir, c'était de rendre les suprêmes honneurs aux braves tués à l'ennemi.

Le 21 janvier, le bataillon de Clichy, conduisit à sa dernière demeure le sergent-major Morice, dont le corps avait été rapporté à l'ambulance de la gare Saint-Lazare.

Une foule émue et silencieuse se pressait autour du corbillard, sur le cercueil se voyait de nombreuses couronnes et la capote ensanglantée du défunt. Les cordons du poële étaient tenus par les sergents-majors des trois dernières compagnies et par le caporal-fourrier de la première.

Le char funèbre richement orné et escorté par la compagnie des Carabiniers en armes avait peine à s'ouvrir un chemin tant était grand le nombre des curieux attirés par le passage du cortége.

M. Lefort, capitaine, commandant des carabiniers et M. Aimé Monod, maire de Clichy, conduisaient le deuil : Les adjoints, les conseillers municipaux, les notabilités de Clichy, les officiers, sous-officiers et gardes du 34e, ainsi qu'une multitude d'habitants avaient tenu à honneur d'assister à cette touchante cérémonie et de rendre un dernier hommage à ce glorieux soldat tombé en combattant.

La musique du bataillon jouait des marches funèbres auxquelles répondaient les sourds roulements des tambours voilés de crêpe.

Lorsque le corps fut descendu dans la fosse, M. le maire prononça quelques paroles émues et patriotiques, puis le commandant fit l'éloge de Morice et un carabinier dit un suprême et éloquent adieu à son frère d'armes.

Leroy, Martinot, Heutziger, décédés dans divers ambulances, furent aussi conduits au champ du repos avec le même cérémonial.

Lorsque l'amnistie rouvrit les portes de Paris, les prussiens rendirent les corps de

Poyer et de Klock, enterrés par eux sur le champ de bataille, à l'endroit où ils étaient tombés. Des gardes du 34e les exhumèrent et les rapportèrent à Clichy en grande pompe.

Enfin le capitaine Lamy obtint la permission d'aller à Versailles chercher des nouvelles du sous-lieutenant Castarès, blessé et tombé aux mains de l'ennemi. Le capitaine adjudant-major qui ne s'était jamais fait illusion sur la gravité de la blessure de son gendre, acquit la triste certitude de sa mort.

Une grande consolation pour lui, fut de savoir que les ennemis avaient soigné Castarès comme un des leurs, dans l'ambulance du château de Versailles. Lorsqu'il mourut, les prussiens lui firent de magnifiques funérailles dignes de son courage et remirent son corps à son beau-père qui le réclamait.

Aujourd'hui, les chers et glorieux morts du 34e bataillon de la garde nationale reposent côte à côte dans le cimetière de Clichy, unis dans la mort comme ils l'avaien été dans leur amour pour la France et la République.

Une souscription publique due à l'initiative de M. le Maire, à permis de leur élever un monument sur lequel sont gravés leurs noms avec cette épitaphe :

AUX BRAVES DU 34e BATAILLON DE CLICHY
MORTS POUR LA DÉFENSE DE LA PATRIE
A MONTRETOUT LE 19 JANVIER 1871

Souvenir et Reconnaissance de leurs Concitoyens.

CASTARÈS,	Sous-Lieutenant.
MORICE,	Sergent-Major.
LEROY,	Caporal.
HENTZIGER,	Clairon.
KLOCK,	Garde.
MARTISSOT,	id.
POYER,	—

Depuis lors, chaque année, au jour anniversaire de la bataille de Montretout, les habitants de Clichy, ornent de nombreuses couronnes la tombe des glorieux défenseurs de Paris, montrant ainsi qu'ils ont le culte du souvenir.

NOTES (1)

Etat-Major du 34e Bataillon de guerre

MM. MÉDARD, Commandant.
LAMY, Capitaine adjudant-major.
PINEL, Chirurgien aide-major.
MAGNIN, Adjudant sous-officier.

1re Compagnie (Carabiniers)

MM. LEFORT, Capitaine.
PIERREVILLE, Lieutenant.
CASTARÈS, Sous-Lieutenant.
MORICE, Sergent-Major.

2me Compagnie

MM. LANDER, Capitaine.
MAISONNEUVE, Lieutenant.
GÉRARD, Sous-Lieutenant.
OMBRY, Sergent-Major.

3me Compagnie

MM. JEANJEAN, Capitaine.
CHARMOIS, Lieutenant.
MERCIER, Sous-Lieutenant.
PERIN, Sergent-Major.

4me Compagnie

MM. AUSSET, Capitaine.
ALARDON, Lieutenant.
PERRIN, Sous-Lieutenant.
MARQUEZ, Sergent-Major.

(1) Je n'ai pu à mon grand regret me procurer la liste complète des cadres du 34e bataillon de guerre.

ERRATA

Page 18, ligne 5, au lieu de échouèrent, lisez ÉCHURENT.

Page 37, ligne 6, au lieu de cette abandonnée, lisez CETTE TENTE ABANDONNÉE.

Page 40, ligne 10, au lieu de arcométrique, lisez ARÉOMÉTRIQUE.

CARENTAN. — Imprimerie MARCEL MOUCHEL.

www.ingramcontent.com/pod-product-compliance
Ingram Content Group UK Ltd.
Pitfield, Milton Keynes, MK11 3LW, UK
UKHW022138190726
13855UKWH00003B/1209

9 782013 069779